COLLECTION POLICIERS
dirigée par
Brigitte Suter

LA RONDE CARAÏBE

Robert Escarpit

d'après une idée d'Yves Maurel et Robert Escarpit

HACHETTE

Dans la même collection :

- *Papillons de nuit,* Delacorta.
- *La voix sans visage,* M. Villard.
- *Enquêtes en Espagne.*
- *Malgré les apparences,* D. Gardien.
- *Jus d'oronge,* J. de Porla.
- *Meurtre dans le pignadar,* R. Escarpit.
- *Question d'étiquette,* R. Escarpit.

Couverture : maquette de G. Amalric.
Photo : Ciccione-Rapho/Doisneau-Rapho

ISBN 2.01.011799.9

I

De drôles de vacances

C'était à la fin de novembre 1945. La deuxième guerre mondiale venait de s'achever. A peine démobilisé[1], l'inspecteur Jean Janin fut promu[2] commissaire. Après la petite fête qui eut lieu en son honneur à la Sûreté Nationale et à laquelle assistaient Annie, sa jeune femme, et Biquette, sa petite fille âgée de cinq ans, le commissaire principal Copiaud pria les Janin de le suivre dans son bureau.

1. **Démobilisé :** retourné à la vie civile, après avoir été soldat.
2. **Promu :** nommé à un poste supérieur.

« Mon cher ami, dit-il, tu as bien mérité de te reposer. Aussi ai-je décidé de t'accorder des vacances.

— Des vacances ? s'écria Annie. Quelle chance ! Nous irons les passer à Soulac, près de Bordeaux, où nous nous sommes connus avant la guerre ! Il y a là un vieil aubergiste, le père Cazenave, qui ne demande qu'à nous recevoir !

— Malheureusement, madame, dit Copiaud, ces vacances, il faudra que votre mari les passe à l'étranger, au Portugal pour être tout à fait exact. »

Il tira des documents de son tiroir.

« Voici ton passeport de service, tes billets de chemin de fer et un dossier qu'il te sera sans doute utile de consulter... »

Secouant ses cheveux roux, Annie laissa éclater sa colère.

« Avouez qu'en fait de vacances, vous envoyez mon mari en mission, Commissaire ! Et à l'étranger encore ! Croyez-vous qu'après tant de mois de séparation, je vais vous laisser me l'enlever sans protester ? »

Copiaud leva la main dans un geste d'apaisement.

« Qui vous parle de séparation, madame ? Il s'agit d'une invitation personnelle du chef de la police portugaise, mon ami Joao Ferreira, et vous êtes également invitée. Voici un passeport et des billets pour vous et votre fille. »

Biquette était pour le moment occupée à

dessiner des chiens sur un bloc qu'elle avait pris sur le bureau du commissaire principal.

« Enfin, patron, dit Janin, m'expliquerez-vous de quoi il s'agit ?

— Tu as entendu parler de l'affaire Crabitan ?

— Crabitan ?... Ah ! je me souviens. J'ai lu ça dans les journaux il y a quelques semaines. C'est une bombe qui a éclaté dans la vitrine d'un bijoutier de Bordeaux. Il n'y a pas eu de victimes, je crois ?

— Non, mais dans la confusion, quelqu'un a volé le contenu de la vitrine, surtout des diamants. Il y en a pour plusieurs dizaines de millions.

— Je connais cette bijouterie. C'est une petite boutique située quai des Chartrons. Mais quel rapport avec le Portugal ?

— Il y a quinze jours, le même attentat a été commis dans une bijouterie du Caes do Sodre à Lisbonne. La police portugaise n'a trouvé aucun indice. La police bordelaise est d'ailleurs dans le même cas.

— Qui est chargé de l'affaire à Bordeaux ?

— Ton vieil ami l'inspecteur Michard. Il est persuadé que c'est le bijoutier qui a tout monté pour toucher l'argent de l'assurance. Il se trouve que c'est la même compagnie anglaise qui assure les bijoutiers de Bordeaux et de Lisbonne. C'est ce qui a donné à Ferreira l'idée de rapprocher les deux affaires. Il m'a demandé de lui envoyer un de mes hommes à titre privé. Tu es de Bordeaux, tu connais

Michard de longue date, tu es un de mes meilleurs enquêteurs et tu es libre. Conclus !

— Je peux voir le dossier ?

— Bien sûr ! Le voici. Pendant ce temps, Biquette et moi allons travailler. »

Et, tandis que Janin feuilletait les nombreux rapports, le chef de la Sûreté Nationale, Biquette sur les genoux, se mit à dessiner des chiens.

A Bordeaux, l'affaire était apparemment simple. Après la Libération[1], le dénommé Léonidas Crabitan, précédemment installé à Perpignan, avait acheté une petite bijouterie-joaillerie située 78, quai des Chartrons à Bordeaux. Il avait fait faire des transformations en juillet 1945.

Le lundi 15 octobre, au début de l'après-midi, M. Crabitan ayant affaire en ville, décida de fermer boutique et de donner congé pour le reste de la journée à ses deux employés, la caissière, Simone Renaud, vingt-trois ans, et le vendeur Lucien Gérôme, cinquante-deux ans. A quinze heures, comme Gérôme abaissait le rideau de fer, une violente explosion s'était produite, volatilisant la devanture de la bijouterie. Aussitôt, un attroupement se

1. **La Libération** : la Libération, c'est-à-dire la fin des combats sur le sol français, a commencé le 6 juin 1944 avec le débarquement en Normandie des troupes anglaises, américaines, aidées par les résistants français. Paris a été libéré au moins d'août. cf. note n° 4 p. 13.

forma. L'inspecteur Michard qui se trouvait au poste de la police du port, à quelques maisons de distance, arriva sur les lieux à quinze heures douze. Gérôme n'était que légèrement blessé, et Mlle Renaud, derrière son comptoir couvert de gravats, en était quitte pour la peur.

On ne connut le montant du vol que vers dix-huit heures, quand M. Crabitan, enfin rentré, put faire l'inventaire. Il manquait des bijoux, surtout des diamants, pour une valeur de plusieurs dizaines de millions de francs. Des témoins affirmaient avoir vu un homme à l'allure de marin se précipiter dès l'explosion, apparemment pour porter secours, mais aucune recherche n'avait permis de le retrouver.

D'après les experts, l'explosion avait été produite par une forte charge d'explosif, mais le plus étrange était que cette charge semblait avoir été placée dans la maçonnerie de la devanture, précisément à l'endroit où M. Crabitan, quelques mois plus tôt, avait fait exécuter des travaux.

C'est ce fait qui avait conduit Michard à soupçonner Crabitan. Il l'avait arrêté, l'accusant d'avoir organisé l'attentat lui-même afin de toucher le montant de l'assurance. Puis il l'avait relâché quelques jours plus tard, faute de preuves. L'assurance avait payé.

La dernière pièce du dossier était une lettre personnelle de Ferreira à Copiaud. L'attention du chef de la police portugaise avait été attirée par le télégramme de routine que la Sûreté Nationale française avait envoyé à tous les ports où l'on était susceptible de retrouver la trace du marin. Le 23 octobre, une explosion tout à fait semblable s'était produite devant la devanture d'une bijouterie du Caes do Sodre. Il y avait eu attroupement, intervention d'un inconnu mystérieux et vol de diamants. Là aussi, la bombe semblait avoir été cachée sous une couche de plâtre qui avait servi à boucher un trou dans la devanture à l'occasion d'une réparation de l'installation électrique. L'explosion s'était produite à dix heures vingt, alors que plusieurs clients étaient présents dans la boutique. Il n'y avait heureusement eu que quelques blessés légers. L'enquête n'avait révélé aucun indice. Soupçonnant, lui aussi, une escroquerie à l'assurance, Ferreira avait pris contact avec la compagnie. Mais celle-ci ne paraissait pas avoir de soupçons et s'apprêtait à payer.

« Il y a un point commun, dit Janin en levant la tête, c'est que la bombe avait vraisemblablement été installée assez longtemps à l'avance, ce qui fait penser à une mise à feu automatique ou télécommandée.

— Télécommandée, demanda Annie, oui, mais par qui ? »

II

La piste transatlantique

En route vers Lisbonne, les Janin s'arrêtèrent à Bordeaux, le temps pour Annie et Biquette d'aller embrasser le père Cazenave qui tenait jadis l'auberge de jeunesse où Annie et Janin s'étaient connus avant la guerre. Le Médoc était encore meurtri[1] par les batailles qui s'étaient déroulées là après la Libération jusqu'en avril 1945, alors que des Allemands bloquaient l'entrée de la Gironde[2].

Mis au courant de la mission de Janin, le père Cazenave hocha la tête.

1. **Le Médoc était encore meurtri** : en novembre 1945, le Médoc portait encore des traces des batailles qui avaient continué, même après la Libération.
2. **La Gironde** : nom donné à l'estuaire du fleuve La Garonne au fond duquel se trouve la ville de Bordeaux.

« Lisbonne, hé ? J'y ai un vieil ami. Il s'appelle Pedro Gomes et il tient une auberge à Tafaria, de l'autre côté du Tage, un peu comme Royan par rapport à ici. S'il y a quelque chose à savoir à Lisbonne, crois-moi, c'est lui qui le sait ! Voilà son adresse. Allez le voir. »

Pendant ce temps, Janin étudiait le dossier avec Michard. Le vieil inspecteur tenait à son idée d'escroquerie à l'assurance, car il ne comprenait pas pourquoi la compagnie d'assurances avait payé dans les deux cas sans faire d'enquête.

« Tu ne vas tout de même pas, lui dit Janin, soupçonner la compagnie de faire sauter les devantures de ses clients pour le plaisir de les rembourser ! »

Il n'y avait pas de couchettes libres dans le train espagnol et il fallut changer de train en pleine nuit à Medina del Campo. Janin eut une dispute avec un petit bonhomme sec qui prétendait s'attribuer une des places de coin réservées pour Biquette et sa mère.

« Je suis un diplomate cubain ! criait l'individu. Vous entendrez parler de moi !

— Je vous ai déjà assez entendu comme ça », répondit Janin en faisant passer sa valise par la portière. Ils se réconcilièrent le lendemain matin au wagon-restaurant. Le diplomate se présenta :

« Je suis Eduardo Porfirio Fuentes. J'étais conseiller à l'ambassade de Cuba à Paris et je rentre dans mon pays car je viens d'être nommé chef de la police de La Havane par le président Grau San Martin.

— Alors nous sommes confrères ! Jean Janin, commissaire à la Sûreté Nationale française. Je suis appelé en consultation à Lisbonne par le chef de la police, Joao Ferreira. »

Et il raconta l'affaire des bijouteries.

« Intéressant, dit Fuentes, mais il y a une autre coïncidence entre les affaires que vous n'avez pas remarquée.

— Laquelle ?

— *Caes* en portugais veut dire quai. Votre bijouterie de Lisbonne, comme celle de Bordeaux, se trouve sur le port ! »

A Lisbonne, sortant de la pénurie d'après-guerre[1] qui sévissait encore en France, les Janin furent émerveillés par l'abondance des marchandises qui s'entassaient dans les vitrines. Dans une pâtisserie, Biquette n'engloutit pas moins de trois chocolats à la crème Chantilly en une demi-heure. Annie se refit une garde-robe à neuf et Janin ne résista pas au charme du *vinho verde* pétillant et fruité que lui versait le maître d'hôtel du restaurant.

1. **La pénurie d'après-guerre** : à la fin de la guerre, on trouvait au Portugal tout ce qui manquait encore en France : nourriture, vêtements, etc.

Il était en excellente forme quand il se présenta à Ferreira. C'était un homme à peine plus âgé que lui, aimable et distingué.

« Voici le dossier, Commissaire, dit-il. Je l'ai fait traduire en français à votre intention. Lisez-le. Ensuite, nous irons sur les lieux de l'attentat. »

Janin apprit peu de choses en lisant le dossier. Le 23 octobre, à dix heures vingt, alors que Paulo Carvalho, propriétaire de la bijouterie *As Mil Maravilhas*, sise 38 Caes do Sodre, s'affairait auprès de ses clients, une explosion violente se produisit dans l'étalage. L'explosion étant dirigée vers l'extérieur, il n'y avait eu que des blessés légers, dont M. Carvalho lui-même qui avait eu un bras cassé. Dix minutes plus tard, la police était sur les lieux. Après inventaire, on constatait la disparition de bijoux pour une valeur de plusieurs centaines de *contos*.

« Qu'est-ce qu'un *conto* ? demanda Janin.

— Dix mille *escudos*. »

On avait interrogé les personnes qui s'étaient portées au secours des victimes, mais on n'avait pu en retrouver qu'une demi-douzaine, insoupçonnables. Le Caes do Sodre était fréquenté par de nombreux touristes, dockers et marins qui avaient disparu sans laisser de traces.

Une demi-heure plus tard, Janin et Ferreira roulaient sur les quais du Tage dans la grosse voiture américaine du chef de la police. Paulo Carvalho, bras en écharpe, les accueillit à l'entrée de la boutique. C'était un vieux petit homme à la mâchoire lourde et à la lèvre charnue. Un policier en uniforme apporta une valise.

« Les pièces à conviction[1] » dit Ferreira.

Il ouvrit la valise et en tira quelques fragments métalliques que Janin examina minutieusement. Soudain, il brandit un minuscule fragment de fonte[2].

« Je puis au moins vous dire, déclara-t-il, que l'engin qui a servi était une mine[3] allemande d'un kilo. Regardez ce petit morceau : il est vert et on distingue nettement un K peint en blanc. J'ai eu l'occasion de me servir de ces mines quand j'étais dans la Résistance[4]. La mise à feu devait être électrique, car voici un contact qui a dû servir à une pile[5]. »

Ferreira fronça les sourcils. L'origine allemande de l'engin ouvrait de nouvelles perspectives. Les anciens nazis étaient nombreux au Portugal à cette époque.

1. **Les pièces à conviction** : tous les objets réunis par la police à la suite d'un meurtre, d'un attentat ; ces objets serviront de preuves pour l'accusation.
2. **Fonte** : métal à base de fer et de carbone.
3. **Mine** : engin explosif placé dans la terre ou dans l'eau. Par exemple : le bateau a sauté sur une mine.
4. **La Résistance** : est un mouvement clandestin qui a réuni tous ceux qui luttaient contre les forces armées allemandes.
5. **Pile** ou batterie : appareil produisant de l'électricité.

« A-t-on enquêté auprès de la maison qui a fait la réparation de l'installation électrique dans la vitrine ? demanda Janin.

— Oui, mais il a été impossible de mettre la main sur les ouvriers qui ont travaillé ici. Ces petites entreprises utilisent une main-d'œuvre de passage.

— Je vois. »

Janin fouilla encore quelques instants dans la valise.

« En tout cas, l'hypothèse d'une bombe à retardement[1] ne tient pas debout. On ne règle pas un mécanisme à une heure près plusieurs mois à l'avance. Il faut que je réfléchisse.

— Vous avez tout votre temps, cher ami, dit Ferreira. N'oubliez pas que vous êtes en vacances. »

Le lendemain matin, à l'embarcadère de Tafaria, en attendant le bateau, Janin se faisait cirer les souliers. Biquette se disputait quelques morceaux de journaux qui traînaient sur le quai avec deux ou trois gamins dépenaillés. Elle ne parlait pas encore très bien portugais, mais elle jurait de façon tout à fait méritoire. Sortie victorieuse du combat, elle courut vers son père en criant :

« Papa ! Papa ! Raconte-moi les images ! »

1. **Bombe à retardement** : bombe qui n'explose qu'après un certain temps. Ces bombes sont munies d'une horloge.

Janin jeta un vague coup d'œil au fragment de feuille sur lequel on distinguait, outre la bande dessinée qui intéressait Biquette, deux photographies à moitié déchirées et quelques lignes de texte.

« Ce n'est pas du portugais, ça. Dis, Annie, toi qui as fait de la linguistique, qu'est-ce que c'est ? »

Elle se pencha sur le bout de journal.

« Ça m'a l'air d'être du néerlandais.

— Du néerlandais au Portugal ? »

Elle lui montra du regard une demi-douzaine de navires battant pavillon hollandais.

« Lisbonne est un port international. »

Janin fixait son attention sur une des photographies.

« Nom d'un chien ! Regarde ! Qu'est-ce que tu distingues sur cette photo ?

— Fais voir. On dirait une vitrine de magasin, mais elle est dans un drôle d'état. On dirait... »

Elle s'interrompit, les yeux ronds.

« Exactement, dit Janin. On dirait qu'on l'a fait sauter avec une bombe. Et tiens, regarde, au bord, là où c'est déchiré, on voit une partie de l'enseigne. Ça ressemble à du chinois mais il y a aussi de l'anglais. Je vois un J... un E.. un W...

— Ça se termine par un R et un Y.

— *Jewelry* ! Ça veut dire bijouterie en anglais ! Biquette, où est le reste de ce journal ? »

Alors, les marchands de marrons qui proposent leurs marchandises sur le quai, les petits cireurs qui font resplendir les souliers, les poissonnières qui vont pieds nus avec d'immenses paniers sur la tête, tout le petit peuple des rues de Lisbonne eut l'étrange spectacle d'un monsieur bien habillé et d'une dame élégante qui, à quatre pattes, exploraient un tas de vieux papiers.

Biquette était ravie. Le jeu lui plaisait. Ce fut elle qui mit la main sur le trésor : un minuscule fragment de la première page du journal. Il y avait la date, 8 novembre, et une partie du titre : HET CURACAO T...

« Curaçao ? dit Janin. Je croyais que c'était un patelin portugais. C'est en Hollande ? »

Annie soupira.

« Heureusement que ta femme a été institutrice ! Curaçao est une colonie hollandaise[1]. C'est une île de la Mer des Caraïbes, au large du Vénézuéla. »

Le ferry-boat de Tafaria arrivait en sifflant.

« Fais-les attendre ! cria Janin. Il faut que je téléphone à Ferreira ! »

Quand il revint, au moment où l'on tirait la passerelle, il avait l'air rassuré.

« Ferreira, dit-il, envoie un télégramme à la police de Curaçao. Je pense que nous aurons la réponse demain matin. En attendant, je me réjouis de rencontrer un vieil ami du père Cazenave. »

1. **Colonie hollandaise** : n'oubliez pas que l'histoire se passe en 1945 ; depuis, les Antilles néerlandaises ont obtenu leur autonomie en 1954.

A l'adresse indiquée par Cazenave, devant la porte, un vieillard à la peau recuite et tannée par la mer et le soleil fumait sa pipe. Ses yeux étaient d'un bleu pâle et délavé. Lorsqu'ils ne furent plus qu'à quelques mètres de lui, il se leva, retira sa pipe et demanda en excellent français :

« Commissaire Janin ? Madame Janin, Annie, n'est-ce pas ? Et voici sans doute Biquette ? J'ai reçu une lettre de Cazenave ce matin. Je vous attendais. A tout hasard, j'ai préparé une bouillabaisse[1]. »

Pendant le repas, il ne fut question que de vieux souvenirs de mer. Gomes avait navigué plus de dix ans avec Cazenave. La dernière assiette rangée, il prit Biquette sous les bras et la souleva.

« Tu as sommeil, toi. »

Il la mit dans un hamac de corde multicolore où elle s'endormit aussitôt, puis il posa une bouteille de porto sur la table et alluma sa pipe.

« Si l'on parlait de vos bijouteries ? dit-il.

— Je vois que Cazenave vous a mis au courant.

— En gros. Je connais le vieux Carvalho le bijoutier. C'est un brave homme, incapable d'une malhonnêteté. Pour moi, votre affaire, c'est une coïncidence, un hasard.

— On pouvait le penser, mais, depuis ce matin, il y a du nouveau. »

1. **Bouillabaisse** : soupe de poissons.

Et, tout en buvant son porto, il raconta la découverte du journal de Curaçao.

« Curaçao ? dit Gomes. J'ai souvent fait escale à Willemstadt qui est la capitale. C'est là qu'on mazoutait[1]. Évidemment, ça change tout. Vous voulez mon opinion, Commissaire ? Cherchez le navire.

— Le navire ?

— A mon avis, la solution, vous la trouverez à bord d'un bateau, mais lequel ? »

Gomes se leva et se dirigea vers un vieux planisphère fixé au mur.

« Regardez la carte : 15 octobre, Bordeaux ; 23 octobre, Lisbonne ; 8 novembre, Curaçao. C'est un itinéraire classique de cargo. Il y a toutes les chances pour que votre coupable soit à bord. Mais nous sommes le 11 décembre et il a eu le temps de faire de la route depuis un mois ! »

Le lendemain, à dix heures, Ferreira reçut les Janin dans son bureau.

« Votre fille a eu la main heureuse, dit-il. Voici le télégramme que je viens de recevoir du commissaire du port de Willemstad : « 8 novembre violente explosion bombe à retardement dans devanture bijouterie située quai du Canal Stop. Vol estimé

1. **Mazouter** : pour un bateau, faire le plein de mazout.

à un million huit cent mille guldens[1]. Aucun indice ».

Puis il se leva, contourna son bureau et vint poser ses deux mains sur les épaules de Janin.

« Le Clipper part à vingt et une heures trente. Il arrive à New York demain à dix-huit heures, heure locale. De là, vous avez un avion qui rejoint Curaçao par Miami et La Havane.

— Ah non ! s'écria Annie en se levant d'un bond. Et nos vacances ? Je savais bien que cela finirait ainsi ! Je ne lâche pas mon mari ! Toutes les bijouteries du monde peuvent bien sauter, Jean, je ne veux pas que tu me laisses ! »

Ferreira attendit en souriant, puis dit :

« Madame, puis-je vous rappeler que vous êtes les invités du gouvernement portugais ? Le *Vasco de Quiroga* arrive ici de Bilbao demain. C'est un paquebot assez confortable. Je vous y ai fait retenir une cabine par radio. Vous aurez rejoint votre mari dans onze jours et vous pourrez faire avec lui un splendide voyage de retour à travers les Antilles ».

Comme Annie restait muette de surprise, il ajouta à l'intention de Biquette :

« Nous devons bien cela à Mlle Janin grâce à qui nous avons découvert la piste de Curaçao. »

1. **Guldens** : florins, monnaie hollandaise.

III

D'un océan à l'autre

Janin venait d'embrasser Annie et Biquette et se dirigeait vers l'avion avec les autres voyageurs, quand la grosse voiture de Ferreira arriva en trombe et s'immobilisa près de lui.

Le chef de la police agitait une feuille de papier.

« Janin ! Je viens de recevoir de Cuba un message pour vous !

— De Cuba ? C'est sans doute Fuentes. »

Rapidement, il parcourut le télégramme : « Serez intéressé apprendre attentat bombe bijouterie La Havane 15 novembre. Un mort. Amicalement. Fuentes »

« Bon Dieu ! dit-il, le 15 novembre, cela confirme l'hypothèse du cargo[1] !

1. **L'hypothèse du cargo** apporte une preuve supplémentaire aux suppositions de Janin : les attentats ont une relation avec le bateau.

— J'ai télégraphié à Fuentes que vous seriez à Cuba après-demain, dit Ferreira. Vous aurez sans doute intérêt à y prolonger votre escale[1]. »

Quarante-trois heures après avoir quitté Lisbonne, Janin atterrissait à La Havane[2], les yeux ensommeillés et l'estomac embrouillé par les sempiternels œufs au jambon qu'il lui avait fallu ingurgiter aux escales de Shannon, de Gander, de New York, d'Atlanta et de Miami[2]. Son humeur ne fut pas améliorée quand, avant le débarquement, deux hommes en uniforme vinrent pulvériser cabines et passagers de désinfectants et d'insecticides[3]. Puis il y eut une demi-heure d'attente au contrôle des passeports sous une chaleur étouffante. Quand enfin Janin se présenta au policier, ce dernier lui dit :

« Vous n'avez pas de visa.

— Je suis attendu par le chef de la police, le *señor* Fuentes.

— Ah, oui ? »

Le fonctionnaire n'avait pas l'air impressionné.

« Je suis commissaire de la Sûreté Nationale française, reprit Janin. Voici ma carte.

1. **Prolonger votre escale** : rester plus longtemps à La Havane, suite à ce nouvel attentat.
2. Nous sommes en 1945.
3. Les Cubains avaient peur des microbes, des virus en provenance d'Europe, et désinfectaient l'appareil et les passagers.

— Commissaire ou non, vous n'avez pas de visa, ni, je suppose, de certificats de vaccination. Vous allez être interné jusqu'à votre refoulement[1].

— Interné !»

Cette fois, la colère de Janin éclata.

« Vous m'embêtez, à la fin, espèce de ... flic[2] ! Vous allez me laisser passer, et plus vite que ça ! »

Il empoigna sa valise et, bousculant douaniers et policiers, fonça vers la sortie. Il entendit un coup de sifflet strident. Un groupe d'hommes vêtus de bleu lui barrait le passage. Tête baissée, poings en avant, il chargea[3].

Quand il revint à lui, il avait le crâne douloureux. Le visage de Fuentes était penché sur le sien.

« Excusez-moi, cher ami. La police des frontières ne dépend pas de mes services et il y a eu un certain retard administratif dans la transmission de mes instructions. Théoriquement, vous êtes encore détenu pour tentative d'entrée illégale[4] et pour voies de fait[4] sur des agents de la force publique, mais je vais vous faire libérer. C'est l'affaire de quelques formalités. Pour vous faire patienter, on va vous servir à déjeuner. Des œufs au jambon, peut-être ?

1. Toute personne qui arrive sans visa ni certificat de vaccination est mise en prison jusqu'à ce qu'elle soit expulsée du pays.
2. **Flic** (familier) : policier.
3. **Chargea** : attaqua.
4. En théorie, Janin doit rester en prison pour être entré à Cuba sans visa et pour avoir frappé des policiers.

— Non ! Tout, mais pas ça ! » hurla Janin.

L'autre le regarda d'un air peiné.

« Écoutez, depuis quarante-trois heures, je n'ai mangé que des œufs au jambon. Ma montre marque quinze heures et je ne sais pas quelle heure il est ici, mais j'ai besoin de quelque chose de plus consistant ! »

Fuentes rit de bon cœur.

« Il est dix heures du matin. C'est pour cela que je vous proposais un petit déjeuner, mais je vais vous faire apporter un bon plat de riz à la créole, avec du crabe. »

Une heure plus tard, restauré et disculpé[1], Janin roulait dans la Cadillac de Fuentes.

« Votre chambre est retenue au *Nacional,* dit le chef de la police, mais nous allons nous rendre tout de suite sur les lieux de l'attentat.

— Je parie que la bijouterie est sur les quais.

— Non, mais tout près... D'ailleurs nous arrivons. »

Ils laissèrent la voiture sur une petite place et s'engagèrent dans une ruelle aux trottoirs étroits au bout de laquelle on distinguait les grues du port. Le son d'une sirène de navire se répercuta sur les murs gris. Entre un bar et un magasin de fruits, ils tombèrent sur ce qui restait de la bijouterie. En

1. **Disculpé** : Fuentes, chef de la police, a prouvé que Janin n'était pas coupable.

effet, la devanture était cachée par une palissade de planches et la boutique semblait abandonnée.

« Le bijoutier, dit Fuentes, a été tué sur le coup. Ses héritiers n'ont pas voulu conserver l'affaire. Ils ont une bijouterie bien plus importante sur le Prado. »

Un policier ouvrit la porte de bois. Janin s'agenouilla auprès de la vitrine brisée.

« Il n'y a pas de doute, dit-il, c'est la même technique. La bombe était noyée dans la maçonnerie. Qu'est-ce qu'on a volé ?

— Nous n'en savons rien, répondit Fuentes. Les héritiers n'ont pas cherché à savoir s'il manquait quelque chose. Ils ont tout emporté en vrac[1]. »

Janin ramassa un petit objet brillant dans les gravats[2] et l'examina curieusement.

« C'est un bijou ? demanda Fuentes.

— Non, c'est un morceau de quartz, comme ceux dont on se sert pour produire les hautes fréquences.

— Vous croyez que cela a un rapport avec l'attentat ?

— Je n'en sais diable rien », répondit Janin en mettant le petit cristal dans sa poche.

1. **En vrac** : en désordre, sans trier.
2. **Gravats** : débris, restes, suite à une démolition ; ici, suite à l'explosion.

A peu près au même moment, mais cinq heures plus tard au méridien de Greenwich, Annie accoudée au bastingage du *Vasco de Quiroga,* regardait s'élever au-dessus de la mer le Pic de Ténériffe comme un mirage transparent entre le ciel et l'eau. Biquette cria soudain :

« Maman ! Maman ! Des oiseaux qui se baignent ! »

Des bandes de poissons volants surgissaient de la lame levée par l'étrave du navire, rasaient l'eau quelques secondes comme des hirondelles et plongeaient soudain avec un reflet d'argent. Fascinée, Annie regarda ce spectacle qui était pour elle le premier salut du monde merveilleux des tropiques.

Après l'examen de la bijouterie, Janin dit à Fuentes :

« Il faudrait que je voie le capitaine du port.

— Une voiture va vous y conduire. »

Le capitaine du port était un officier de marine à l'ancienne mode, courtois et complaisant.

« Capitaine, lui dit Janin, je vais vous poser une question qui vous paraîtra peut-être absurde, mais je ne suis guère au courant des usages maritimes. Vous est-il possible d'identifier[1] un navire qui a fait escale à La Havane à une certaine date et qui, auparavant, a suivi un certain itinéraire ?

1. **Identifier** : trouver le nom du bateau.

— Mais certainement. A quelle date votre navire a-t-il fait escale ici ?
— Aux environs du 15 novembre. »

Le capitaine pressa le bouton d'une sonnerie et un secrétaire apparut.

« Benitez, apportez-moi les fiches d'entrée du 12 au 18 novembre. »

L'instant d'après, il consultait les dossiers.

« Vous avez de la chance. Il n'y a que sept entrées. D'où venait votre navire ?
— Curaçao, Lisbonne, Bordeaux...
— Alors, il n'y a pas de doute : c'est le *Van der Storm*. Il a appareillé le 12 octobre d'Amsterdam, a touché Bordeaux le 15, Lisbonne le 22, Curaçao le 8 novembre et il est arrivé ici le 15. Il ne marche pas mal pour un tramp.
— Un tramp ?
— Les tramps sont des cargos qui ne suivent pas un parcours régulier, mais qui vont d'un port à l'autre au gré de l'armateur[1], à la recherche de fret[2] à transporter.
— Vous connaissez le *Van der Storm* ?
— Je connais son capitaine. Il se nomme Van Bock. C'est un brave homme de Hollandais.

1. **L'armateur** : c'est le propriétaire du navire qui décide de son itinéraire.
2. **Fret** : marchandises.

— Vous savez quelle était sa destination en quittant La Havane ?

— Veracruz, au Mexique, mais c'était il y a plus d'un mois. Qui sait où il est maintenant ? »

Quand Janin rapporta cette conversation à Fuentes, le Cubain lui dit :

« Évidemment, on pourrait télégraphier à l'armateur à Amsterdam, mais cela ferait perdre du temps. Le mieux est que vous suiviez le navire à la piste. Dans une heure, il y a un avion qui fait escale à Merida, à Campeche et à Veracruz. Je vous conseille de le prendre. »

Il faisait terriblement chaud à Merida, encore plus à Campeche et, à Veracruz, l'aéroport était une vraie fournaise[1]. Prévenu par Fuentes, le chef des détectives attendait Janin. C'était un grand diable en chemise kaki avec un feutre à larges bords et un énorme pistolet brinquebalant le long de sa cuisse.

« Nous avons retrouvé la trace du *Van der Storm,* dit-il. Il a fait le détour par le canal de Panama et se trouve actuellement à Salina-Cruz, dans l'isthme de Tehuantepec, sur la côte du Pacifique. Il appareille après-demain.

— Il y a un avion pour Salina-Cruz ?

1. **Fournaise** : se dit d'un lieu où il fait très chaud.

— Il n'y en a pas de direct. Il vous faudrait passer par Mexico et les correspondances sont mauvaises. Le mieux est que vous preniez demain matin le train Veracruz-Guatemala. Vous descendrez à Juchitan et il ne vous restera qu'une centaine de kilomètres à faire en voiture. Je téléphonerai pour que la police mette une voiture à votre disposition. »

Janin rageait.

« Après-demain ! Je perds du temps ! Supposez que le *Van der Storm* se mette en tête de traverser le Pacifique. Je ne vais tout de même pas le suivre jusqu'en Chine !

— Vous ne perdrez peut-être pas votre temps à Veracruz, dit le policier mexicain en tirant de sa poche un article de journal. Voici un article du *Dictamen* qui vous intéressera sans doute. »

Janin lut à haute voix : « Un terrible accident. Veracruz, le 26 novembre. Hier soir, à dix-huit heures, une violente explosion a secoué notre port. Un camion-citerne d'essence de la Pemex a pris subitement feu pour une raison inconnue. L'explosion a fait une dizaine de victimes et l'incendie qui en est résulté a détruit un bloc de maisons à l'angle de Juarez et d'Independencia. Les dégâts sont évalués à plus de cent millions de pesos. Le chauffeur du camion et les principaux témoins ayant été tués, il est probable qu'on ne pourra jamais établir les causes exactes de l'accident. »

« Le *Van der Storm* est arrivé à Veracruz le 25, ajouta le policier.
— Puis-je aller tout de suite sur les lieux ?
— Certainement. Ma moto est à votre disposition. »

Ils suivirent à grande vitesse une route goudronnée, puis pénétrèrent dans la ville par une large avenue plantée d'arbres. Au centre, le policier déchaîna sa sirène. Ils s'arrêtèrent devant ce qui restait d'une rangée de boutiques incendiées.

« Nous sommes loin du port ? demanda Janin.
— A un bloc : moins de cent cinquante mètres. »

Ils longèrent à pied les façades noircies, les rideaux de fer tordus par le feu, les devantures calcinées. A vingt mètres du coin de la rue, on apercevait un énorme trou ; trois maisons au moins, avaient été soufflées par l'explosion.

« Quels étaient les magasins qui se trouvaient là ?
— Je ne me souviens pas exactement, mais le patron du café qui est dans Independencia vous le dira. D'ailleurs, vous aurez l'occasion de rencontrer là mon supérieur hiérarchique, le chef municipal de la police... C'est l'heure du *benjoul*, ajouta-t-il avec un sourire.
— Le *benjoul* ?
— C'est la boisson nationale de Veracruz : rhum, manzanilla et menthe pilée. »

Le chef municipal de la police était pareil à son subordonné, avec en plus une énorme moustache en guidon de bicyclette. Le *benjoul* était glacé et parfumé. Janin se détendit un peu. Quand le patron vint servir la deuxième tournée, il lui posa sa question.

« Il y avait là la Banque de Commerce, répondit le cafetier, puis la boutique du vieil Isaac Mendoza, ensuite une *miscelanea,* vous savez, où l'on vend un peu de tout, et enfin une quincaillerie.

— Cet Isaac Mendoza n'était pas bijoutier ?

— En un sens oui, *jefe*. Il tenait un *Monte de Piedad*.

— Un prêteur sur gages[1] ? Il avait donc des bijoux en vitrine ?

— De trop, *jefe*. Je lui ai toujours dit qu'un jour on le cambriolerait. »

Janin se retourna vers le chef municipal.

« On a retrouvé ces bijoux ? »

L'autre eut un geste vague.

« Oh, vous savez, les débris ! Moins d'une demi-heure après le départ des pompiers, les gamins du port avaient tout nettoyé ! »

Janin avait encore une question à poser au patron.

1. **Un prêteur sur gages** : personne qui prête de l'argent et demande des objets de valeur en garantie. Dans un mont de piété, on peut obtenir de l'argent en déposant des bijoux, des meubles etc.

« Ce jour-là, vous ne vous souvenez pas d'avoir vu un marin du *Van der Storm* dans le quartier ?
— Si, *jefe* ! Mais c'était bien après l'explosion. Il y en a un qui a mis sac à terre[1]. Il est venu me demander si je connaissais un hôtel. Je l'ai envoyé au *Diligencias*. Il doit y être encore.
— Où est-ce ?
— De l'autre côté du Zocalo. »

En présence du chef des détectives, le portier ne se fit pas trop prier pour parler.

« Il est au 12. Il a un passeport espagnol, au nom de Julian Salvador. Il doit s'embarquer demain sur un caboteur[2] à destination de La Havane. »

Janin monta seul. Un drôle de type au visage rusé lui ouvrit et le considéra d'un air furieux.

« Qu'est-ce que tu me veux, salopard[3] ?, gronda-t-il. Tu pues[4] le flic à dix mètres ! »

Peiné d'apprendre qu'il « puait le flic », Janin posa sa main ouverte sur le visage de l'énergumène et poussa. Le marin alla s'écrouler contre le pied du lit. Quand il se releva, il tenait un couteau ouvert à la main, mais ne fit pas mine de s'approcher.

« Je veux, dit Janin, savoir pourquoi tu as mis sac à terre ici.

1. **Mis sac à terre** : quitter son navire.
2. **Caboteur** : navire qui va de port en port en suivant la côte.
3. **Salopard** (familier) : sale type.
4. **Puer** : sentir très mauvais.

— Et alors ? Je n'ai pas le droit ?

— Tu as tous les droits, sauf de te payer ma tête. On ne quitte pas un navire sans raison. »

D'un brusque revers de main, il fit sauter le couteau et prit le marin au collet.

« Alors ? Tu expliques ? »

A moitié étranglé, le marin murmura d'une voix rauque :

« J'ai été payé pour ça. Quand j'ai embarqué à Amsterdam, on m'a versé une prime pour que je mette sac à terre à Veracruz.

— Qui, on ?

— Je ne sais pas. Ça s'est passé dans un bar. Je n'avais jamais vu le type. »

Il avait l'air sincère. Janin relâcha son étreinte.

« Tu es payé aussi pour aller à La Havane ?

— Non, mais c'est plus facile de trouver un embarquement pour l'Europe là-bas qu'ici. »

Quand il retrouva le chef des détectives, Janin lui dit :

« Puis-je vous demander de faire envoyer un télégramme ? »

Rapidement, il griffonna un message à l'adresse de Fuentes : « Matelot espagnol Julian Salvador débarquera prochainement Cuba. Faire surveiller et empêcher départ jusqu'à mon retour. Merci. »

Le lendemain, Janin découvrit avec plaisir qu'on lui avait réservé une *alcoba* dans le Pullman du Guatemala. Le compartiment était un peu délabré, mais, outre la couchette, il y avait une table et des lavabos particuliers. D'après le conducteur, le train devait arriver à Juchitan à une heure cinquante du matin, mais, comme il y avait soixante-seize stations, l'employé n'avait pas caché que le train avait souvent jusqu'à dix heures de retard.

Quand il vint réveiller Janin, le soleil filtrait sous les rideaux de l'*alcoba*.

« Nous venons de quitter Ixtepec, *señor*. Dans une demi-heure, nous serons à Juchitan.

— Quelle heure est-il ?

— Six heures trente-cinq. Le train n'a même pas cinq heures de retard ! »

A Juchitan, un *command car* rouge attendait Janin le long de la voie. Un policier vêtu de toile kaki s'avança, salua et dit :

« A vos ordres, *señor*. »

Dix minutes plus tard, le *command car* soulevait de toute la puissance de ses quatre roues motrices un énorme nuage de poussière sur la route de terre sèche.

« Vous trouverez des sandwichs sous le tableau de bord, dit le policier. Normalement, nous devrions être à Tehuantepec avant dix heures et à Salina-Cruz à onze heures. »

Il était dix heures passées quand ils arrivèrent à Tehuantepec pour découvrir que le pont qui servait à la fois aux automobiles et au chemin de fer était momentanément hors d'usage par suite d'un accident. Le conducteur du *command car* se gratta la tête.

« Il ne nous reste que la solution de passer à gué[1]. »

Au bout d'une demi-heure d'efforts, la grosse voiture était immobilisée, delco[2] noyé, à vingt mètres de la rive ouest.

« Ces voitures à plaques jaunes, là-bas, demanda Janin, ce ne sont pas des taxis ?

— *Si, señor,* mais... »

Jusqu'à mi-corps dans l'eau, Janin pataugeait déjà vers la rive.

« Vingt dollars à qui m'amène à Salina-Cruz avant midi ! cria-t-il.

— C'est loin, *señor,* grogna un des chauffeurs et la route n'est pas fameuse.

— Trente dollars !

— *Bueno.* »

Le taxi était une grosse Buick déglinguée qui dansait follement sur les ornières à moins de cinquante à l'heure.

« Plus vite ! Plus vite ! criait Janin.

— Les ressorts, *señor* ! gémissait le chauffeur.

— Donnez-moi le volant ! »

1. **A gué** : endroit d'une rivière où l'eau est peu profonde et où l'on peut — en principe — passer à pied ou avec un solide véhicule.
2. **Delco** : dispositif d'allumage du moteur.

La Buick bondit en avant dans un grand bruit de ferraille. Le ressort cassa à l'entrée de Salina-Cruz. Janin jaillit de la portière et lança un billet de cent dollars au chauffeur.

« Vous ferez réparer ! »

Puis au pas de course, il se dirigea vers le port. Devant lui, enfin, il vit le miroitement de l'eau. Quelques instants plus tard, il arrivait sur les quais.

« Le *Van der Storm* ? demanda-t-il à un marin.

— Celui-là, *señor,* mais dépêchez-vous. Il va tirer l'échelle ! »

Zigzaguant entre ballots et bidons, Janin courut. Au passage, une grue l'éclaboussa d'eau salée. Sans songer qu'il venait de recevoir le baptême du Pacifique, il vit le cargo devant lui, à moins de vingt mètres.

Un palan[1] de bord enlevait déjà la passerelle.

« Stop ! » cria Janin.

D'un saut d'un mètre vingt, il retomba sur l'extrémité de la passerelle.

1. **Palan** : appareil qui sert à déplacer de grosses charges.

IV

Un étrange équipage

Un petit bonhomme tout rond et portant une casquette galonnée en arrière sur son crâne chauve, dévala l'échelle de la dunette.

« Vous êtes fou ! cria-t-il. Descendez de là tout de suite. Qui êtes-vous ?

— Je suis un policier français.

— Français ? Qu'est-ce que vous venez faire sur mon navire dans ce bled[1] perdu ? »

Janin reprit son équilibre et se laissa descendre jusqu'au pont.

« Je suis à votre poursuite.

— A ma poursuite ? Qu'est-ce que j'ai fait ?

— Rien, mais j'ai des questions à vous poser. Il s'agit de votre navire.

1. **Bled** (familier) : petit village isolé, perdu, pas très drôle.

— Mon navire ? Qu'est-ce qu'il a, mon navire ?

— C'est assez long à raconter. »

Le capitaine Van Bock le regarda un instant fixement, les sourcils froncés, puis il dit :

« Venez dans ma cabine. »

Calé dans un fauteuil, il versa deux verres de whisky.

« Qu'est-ce que c'est que cette histoire ?

— Écoutez : 15 octobre, Bordeaux ; 23 octobre, Lisbonne ; 8 novembre, Curaçao ; 15 novembre, La Havane ; 25 novembre, Veracruz...

— Mais... mais c'est mon itinéraire que vous me racontez là !

— Exactement, capitaine, mais à chacune de ces dates et dans chacune de ces villes, une bijouterie a été l'objet d'un attentat suivi d'un vol et chacune de ces bijouteries était située à moins de trois cents mètres du lieu d'accostage du *Van der Storm.* »

Le capitaine vida son verre de whisky et regarda Janin d'un air effrayé.

« Monsieur le Commissaire, c'est affolant ! Mon navire est hanté[1] ! Savez-vous que dans chaque port où je passe, j'ai un matelot qui se dit malade et qui met sac à terre ! Chaque fois, il faut que j'embarque un remplaçant ! Et maintenant, les remplaçants ont tous mis sac à terre à Salina-Cruz ! Il m'a fallu recruter une nouvelle équipe.

1. **Hanté** : se dit en général d'une maison « habitée » par des esprits, des fantômes.

— Dites-moi, capitaine, ces hommes qui débarquaient étaient-ils réellement malades ?
— Je n'en sais rien. C'est mon second qui s'occupe de ces questions, ou plutôt s'en occupait, car il vient de m'abandonner lui aussi. J'ai été obligé d'embaucher une brute[1] de Philippin. C'est tout ce qu'il y avait à Salina-Cruz.
— Votre second a mis sac à terre ?
— Oui, il dit qu'il a fait un héritage en Hollande. Il s'appelle Trekke. Je crois qu'il est encore à Salina-Cruz.
— Et les marins qui ont mis sac à terre ici ?
— Ah, ceux-là, ils sont partis tout de suite à bord d'un caboteur péruvien. Le diable sait où ils sont !
— Vous avez leurs noms ?
— Je vais vous faire une liste. »

Janin considéra le papier que lui tendait le capitaine.

« Ce sont des Hollandais ?
— Non, il y a trois Allemands, un Norvégien et un Italien.
— Pour revenir aux bijouteries, capitaine, vous ne vous êtes aperçu de rien ? Une explosion, ça s'entend.
— Non... Je n'ai pas fait attention... Ah si, pardon, à Curaçao, je me souviens maintenant. J'étais

1. **Brute** : homme violent, grossier.

sur la passerelle avec le pilote, au moment d'entrer dans le canal. J'ai donné un coup de sirène, et alors... boum !

— Comment ? Vous n'étiez pas encore à quai ?

— Non, nous n'avons accosté qu'un quart d'heure plus tard. »

Il consulta un cahier.

« A quinze heures trente-cinq exactement. »

L'explosion avait eu lieu à quinze heures douze. Janin était atterré. Toutes ses hypothèses s'écroulaient si les explosions s'étaient produites avant l'arrivée du *Van der Storm.*

« Quelle est votre prochaine destination, capitaine ?

— Honolulu. »

Janin dormit mal, cette nuit-là, dans la petite chambre d'un boui-boui[1] du port. Au petit jour, on frappa à sa porte.

« Señor, le taxi est là. »

En lui ouvrant la portière, le chauffeur lui demanda si cela ne l'ennuierait pas qu'il passe à l'hôtel *Progreso* recueillir un passager qui devait également prendre l'avion de Mexico. Janin acquiesça.

1. **Boui-boui** : café ou auberge de très mauvaise catégorie.

Le voyageur en question était un homme de haute taille, aux cheveux blonds, aux yeux bleus et à la moustache en brosse. Il avait l'air plutôt sympathique.

« Vous allez à Mexico, monsieur ? demanda le voyageur.

— Oui.

— Nous allons avoir trois heures d'escale à Ixtepec. Ce ne sera pas drôle avec cette chaleur. Il fera meilleur à Mexico. Je dois y passer la nuit pour prendre demain l'avion de La Havane.

— Vous allez à La Havane ? Moi aussi.

— Alors, nous ferons route ensemble. Si vous voulez, je vous invite à dîner ce soir à Mexico. Savez-vous que c'est la nuit de Noël ? Je me présente : Hans Trekke.

— Jean Janin... Mais, Trekke... Vous ne seriez pas le second du *Van der Storm* ?

— Je l'étais. Maintenant, je rentre en Hollande recueillir un héritage qui va me permettre de monter le petit chantier de construction navale dont je rêve. »

Le soir, dans un petit restaurant de Santa Maria la Redonda, tandis qu'un orchestre de *mariachis* chantait les traditionnelles *posadas* de Noël, Trekke se confia :

« J'étais officier dans la marine de guerre hollandaise. Puis l'invasion allemande est venue. J'ai fait ce que j'ai pu. Malheureusement, on n'a pas reconnu mes services. En août 1945, j'ai dû démissionner[1] de la marine.

— Pourquoi ?

— Oh, des médisances, des jalousies. Après la Libération, il y a eu en Hollande des règlements de comptes[2] qui n'étaient pas toujours justifiés.

— Chez nous aussi », dit Janin.

Ils se couchèrent à une heure du matin. Au même instant, à trois mille kilomètres de là, très exactement par 16 degrés 12 minutes de latitude nord et 53 degrés 45 secondes de longitude ouest, Biquette mettait ses souliers[3] dans la fausse cheminée du grand salon du *Vasco de Quiroga.*

Le lendemain, il y avait trois heures d'escale à Veracruz. Janin en profita pour aller voir le chef des détectives.

« Pouvez-vous, demanda Janin, savoir de la capitainerie du port à quelle heure exactement le *Van der Storm* a accosté ?

— Facile », répondit le policier en décrochant le téléphone.

1. **Démissionner** : ou donner sa démission : décider d'arrêter les activités qu'on exerçait.
2. **Règlements de comptes** : après la guerre, dans beaucoup de pays d'Europe, on a assisté à des règlements de comptes entre partisans et adversaires des nazis.
3. **Mettait ses souliers** : coutume française ; la veille de Noël, les enfants déposent leurs chaussures devant la cheminée ou sous le sapin de Noël. L'enfant Jésus ou le père Noël y déposera des cadeaux.

La réponse était dix-huit heures vingt, c'est-à-dire vingt minutes *après* l'explosion qui avait détruit la boutique d'Isaac Mendoza.

Quand Janin rejoignit l'avion, Trekke lui demanda :

« Vous avez l'air préoccupé, monsieur Janin. Y a-t-il quelque chose qui ne va pas ?

— Bah ! Autant que je vous le dise ! En tant qu'ancien second du *Van der Storm,* vous avez le droit de savoir. Je suis un policier.

— Un policier ? »

Janin crut entrevoir une lueur d'effarement dans les yeux de Trekke, mais ce ne fut qu'un éclair. Le Hollandais restait souriant et calme. Il écouta attentivement les explications de Janin.

« Commissaire, dit-il enfin, je vais être tout à fait franc avec vous. Je m'étais effectivement aperçu de la coïncidence[1] des explosions avec nos escales, mais comme, chaque fois, en effet, nous n'étions pas encore à quai, j'ai mis cela sur le compte d'une série de hasards. D'ailleurs, il n'y a pas eu d'explosion à Salina-Cruz.

— Il n'y a pas non plus de bijouterie. Et ces hommes qui mettaient sac à terre dans chaque port, vous ne croyez pas qu'il y a un lien ?

1. **Coïncidence** : la relation entre l'arrêt du navire dans un port et l'explosion d'une bijouterie.

— Je ne crois pas qu'il faille y attacher beaucoup d'importance. Il y a toujours des défections[1] au cours d'une campagne.
— Je sais que l'un d'eux au moins a été payé.
— Vraiment ? Et par qui ?
— Ça, je ne le sais pas.
— Mon cher commissaire, puisque je rentre en Hollande, je pourrais faire quelques recherches à Amsterdam. Je connais assez bien les milieux du port.
— D'accord, mais j'ai le sentiment que la clef est ailleurs. »

Ils se séparèrent à l'aéroport de La Havane. Trekke continuait sur New York et l'Europe. Janin n'eut, cette fois, aucun mal à passer le contrôle de police. Il se rendit directement chez Fuentes et lui conta point par point son voyage. Quand il lui révéla que le *Van der Storm* n'avait abordé à Curaçao et à Veracruz qu'après les attentats, le Cubain ouvrit des yeux ronds.

« Vous permettez que je vérifie ? » dit-il.

Un coup de téléphone à la capitainerie du port confirma la chose : le *Van der Storm* avait touché le quai à sept heures quarante-cinq et l'explosion avait eu lieu à sept heures trente.

1. **Défections** : abandons.

« Je suis certain qu'à Lisbonne et à Bordeaux, ce serait exactement la même chose, dit Janin d'un air découragé. »

Fuentes le raccompagna à l'hôtel *Nacional.*

« Qu'allez-vous faire, maintenant ? demanda-t-il.

— D'abord rejoindre Curaçao où le paquebot de ma femme et de ma fille arrive demain, ensuite rentrer en France et avouer mon échec, je suppose. Pourtant, il me semble que j'ai derrière la tête une idée qui n'arrive pas à se préciser. »

Ce soir-là, vers vingt-deux heures, comme Janin allait se coucher, le téléphone sonna.

« Trois hommes vous demandent dans le hall, *señor,* dit la voix du concierge. »

Janin eut la surprise de reconnaître Julian Salvador[1]. Il était accompagné d'un marin aux épaules carrées qui mâchait du chewing-gum et d'un petit bonhomme rond à la grosse moustache.

« Mes copains, dit-il, c'est Jimmy Hunt qui est américain et Epiphane Garassol qui est français.

— Ils ont débarqué ici ?

— Garassol oui. Hunt vient de Curaçao.

— Et alors ? Vous avez quelque chose à me dire ? »

Ce fut Garassol qui prit la parole.

1. **Julian Salvador** (voir page 32).

« Écoutez, patron, dit-il. C'est moi qui ai dit à Jimmy et à Julian qu'il valait mieux parler. Nous n'avons rien fait de mal et nous ne sommes pas assez fadas[1] pour trinquer à la place des autres. Nous avions des doutes depuis le début, mais quand j'ai su que la police française était sur l'affaire, je me suis dit : « Epiphane, il faut parler ». Je suis un patriote, nom de Dieu ! Voilà : nous sommes des marins professionnels. On a tous les trois fait du pétrolier, mais, après la guerre, nous nous sommes trouvés en rade à Amsterdam à cause du manque de navires. Un soir, dans un bar, un bonhomme est venu nous proposer un embarquement. Il avait déjà deux types. Avec nous, ça faisait cinq. On nous donnait six mille guldens de prime pour débarquer chacun dans un port différent, trois mille avant, trois mille après.

— Vous avez touché les trois mille d'après ?

— Nous devions nous retrouver à La Havane pour ça. On nous a réglés hier soir.

— Qui ça ?

— Un bonhomme dans un bar... Nous ne le connaissions pas, mais...

— Mais ?

— Je ne suis pas sûr, patron, mais ce bonhomme, il me semble bien l'avoir vu causer avec Trekke

1. **Fadas** : fous (surtout employé dans le midi de la France).

quand j'ai débarqué à La Havane le mois dernier. »

Janin réfléchit un instant.

« Et les remplaçants étaient embauchés par Trekke ? Vous savez qu'ils ont tous mis sac à terre à Salina-Cruz ?

— Ah, ceux-là, ce n'étaient pas des matelots professionnels ! Disciplinés, d'accord, mais des gueules de vaches ! Celui qui a embarqué à Lisbonne me rappelait un SS du temps de l'occupation allemande en France.

— Tu ne te trompais peut-être pas tellement, Garassol », dit Janin, pensif.

Une idée naissait dans son esprit et, pendant la nuit, elle prit forme. A l'aube, il était certain de tenir un commencement de piste. Avant de prendre l'avion de Curaçao, il alla voir Fuentes.

« Pourriez-vous me rendre le service, cher ami, d'envoyer un télégramme à La Haye pour obtenir de la police hollandaise des renseignements sur le dénommé Hans Trekke ? D'autre part, je pense qu'il serait utile que vous communiquiez aux services de la sécurité militaire américaine les noms que voici. »

Il lui tendit la liste que lui avait remise Van Bock.

« Qui est-ce ? demanda Fuentes.

— Probablement ceux qui, après le pillage des bijouteries, ont emporté le butin.

— Mais pourquoi la sécurité militaire américaine ?

— Une petite idée. »

Quelques heures plus tard, Janin débarquait à Curaçao. Le *Vasco de Quiroga* était annoncé pour le lendemain. Dès qu'il mit le pied sur le sol de la colonie hollandaise, il fut saisi par l'odeur de pétrole. Naturellement, sa première visite fut pour le capitaine Dyckman, chef de la police. C'était un grand diable très maigre, empreint d'une profonde mélancolie.

« Un genièvre, Commissaire ? demanda le Hollandais.

— Non, merci. »

Dyckman se servit copieusement et but d'un air dégoûté.

« Même le genièvre a goût de pétrole, ici, dit-il. Tout a goût de pétrole à Curaçao.

— Pourtant le curaçao est une liqueur réputée.

— On le fabrique en Hollande et même en France, mais pas à Curaçao. Et quand on l'importe, il a goût de pétrole. »

Janin rappela au capitaine Dyckman l'objet de sa visite.

« Ah oui ! L'explosion dans la bijouterie d'Ah Wong ? C'était il y a bien six semaines. On a constaté un vol important, mais on n'a rien trouvé d'autre.

— Moi, je crois que j'ai trouvé quelque chose.

— Ah ? »

Manifestement, le capitaine n'était guère intéressé. Il se versa un nouveau verre de genièvre.

« C'est une vaste affaire internationale, dit Janin.
— Oh, vous savez, tout est international à Curaçao. On y parle toutes les langues et on y boit tous les alcools !
— Puis-je aller sur les lieux ?
— Je vais vous faire escorter[1] par un de mes hommes. »

On le sentait tout heureux de se débarrasser de son visiteur.

L'architecture de Willemstad était un incroyable mélange de buildings modernes, de bâtiments blancs d'allure arabe, de patios à l'espagnole, d'arcades monumentales à la portugaise avec, au milieu de tout cela, de bonnes vieilles maisons hollandaises aux pignons pointus se mirant dans l'eau d'un canal. Sur les bords du canal, tous les types humains se croisaient dans une cacophonie polyglotte. On entendait des bribes de portugais, d'espagnol, de hollandais, d'anglais, de chinois et de papamiento, ce créole savoureux du sud des Caraïbes.

M. Ah Wong était chinois, mais il parlait merveilleusement anglais. Il avait fait réparer sa boutique à l'américaine. Il reçut Janin avec une courtoisie raffinée.

1. **Escorter** : accompagner.

« J'étais au premier étage, dans mon bureau, dit-il, et je regardais par la fenêtre un cargo qui entrait dans le canal.

— *Le Van der Storm* ?

— Ma mémoire déficiente[1] ne me permet pas de me souvenir du nom, mais c'était un navire hollandais. Quand il a doublé la jetée, il a donné un coup de sirène et, à cet instant précis, une formidable explosion a ébranlé mon modeste immeuble. En se brisant, les vitres de mon bureau m'ont fait des coupures au crâne. Je me suis aussitôt précipité dans l'escalier. Le magasin était plein de fumée et de poussière et il régnait la plus grande confusion.

— Vous dites que l'explosion a eu lieu à l'instant précis où le navire donnait son coup de sirène ?

— Je me permets d'en être tout à fait sûr. »

De nouveau, Janin sentit une idée qui prenait corps dans son esprit, mais il n'arrivait pas encore à la préciser. Il y songea en vain toute la nuit et il était encore rêveur quand, le lendemain matin, il se dirigea vers la gare maritime pour y attendre l'arrivée du *Vasco de Guiroga.*

1. **Déficiente** : pas très bonne.

V

Qui ? Pourquoi ? Comment ?

A la gare maritime, Janin apprit que le *Vasco de Quiroga* était signalé et arriverait une heure plus tard. Pour tuer le temps, il se rendit au bar et commanda un genièvre qui lui fit faire la grimace. Il avait vraiment goût de pétrole. C'est alors qu'un policier arriva en courant.

« Commissaire ! Commissaire ! Une communication pour vous de Paris !

— De Paris ? »

Quatre à quatre, Janin monta l'escalier qui menait au poste de police.

« C'est le capitaine Dyckman qui l'a fait brancher ici », dit le policier.

La communication n'était pas bonne, mais Janin reconnut la voix de Copiaud.

« C'est toi, mon petit ? J'espère que je ne te dérange

pas ? C'est Ferreira qui m'a dit que je te trouverais à Curaçao. Quelle heure est-il là-bas ?
— Dix heures du matin.
— Ici, c'est le début de l'après-midi. Je ne voulais pas tarder à te féliciter. Tu as mis dans le mille[1] !
— Moi ? Comment ?
— Oui, à la suite de ta demande de renseignements transmise par La Havane, la police hollandaise a fait surveiller Trekke dès son arrivée à l'aéroport et, cette nuit, on l'a pris à la frontière. Il essayait de faire passer en Suisse une pleine valise de bijoux. Il y en a pour une fortune !
— Des bijoux ?
— Oui. C'est sans aucun doute le butin des vols commis dans les bijouteries.
— Il a parlé ?
— Pas encore, mais il y a longtemps que les Hollandais le tiennent à l'œil. C'est un ancien collaborateur des Allemands et il a été chassé de la marine néerlandaise à cause de cela. Mais on le soupçonnait de faire partie d'une organisation d'anciens nazis. Ce trésor leur était certainement destiné. Voilà qui éclaircit l'affaire Crabitan et les autres que, m'a-t-on dit, tu as découvertes !
— Pas tout à fait, patron.
— Comment cela, pas tout à fait ?

1. **Mis dans le mille** : réussir, trouver.

— Vous connaissez les trois questions que doit se poser tout bon policier, patron : qui ? pourquoi ? comment ? Nous avons la réponse aux deux premières, mais pas à la troisième.

— Et les explosions ?

— Justement, c'est là qu'il y a quelque chose qui ne colle[1] pas.

— Pour moi, ce que tu as fait me suffit. Tu vas prendre tes vacances, maintenant.

— J'espère bien.

— A Curaçao ?

— Certainement pas : ça sent le pétrole. »

Au moment où il raccrochait, le *Vasco de Quiroga* se présenta à l'entrée du canal. Il donna un coup de sirène et Janin ne put s'empêcher de sursauter, comme s'il allait entendre le bruit d'une explosion.

Encore une fois, une idée fugitive passa dans son esprit. Mais la vue d'Annie et de Biquette qui agitaient les bras en haut de l'échelle de coupée, le détournèrent de ses pensées. A peine l'échelle fut-elle descendue qu'il l'escalada. Quelques instants plus tard, il les avait toutes deux dans les bras.

1. **Ne colle pas** : ne marche pas.

« Bonne traversée ?
— La mer, dit Annie, c'est merveilleux, mais le navire est un peu vétuste[1], les cabines sont étroites et les installations sanitaires ne marchent pas très bien. J'ai rendu le commissaire de bord à moitié fou avec mes réclamations. Le pauvre homme ne sait plus où se fourrer quand il me voit !
— Eh bien, tu vas lui dire de ne pas faire descendre tes bagages. Nous continuons sur ce navire. Cuba est plus agréable que Curaçao pour passer des vacances. Et ensuite, nous rentrerons par les Bahamas.
— Le pauvre homme ! Lui qui croyait être débarrassé de moi ! Ah ! Commissaire ! »

Un officier maigre à la moustache triste s'avança d'un air craintif.

« Commissaire, dit Annie d'un ton sans réplique, vous allez tout de suite me trouver une cabine double et y faire transporter mes bagages. Mon mari que voici embarque ici et vous allez avoir le plaisir de ma compagnie jusqu'à La Havane. »

Avec une galanterie toute castillane, le malheureux commissaire fit contre mauvaise fortune bon cœur.

« Ce sera une joie, *señora.* »

1. **Vétuste** : vieux, abîmé.

Pendant la traversée, Janin se livra avec béatitude aux longs farniente de la vie de bord. Le navire était surchargé, et l'on avait utilisé au maximum la place pour emporter davantage de passagers. La nourriture était acceptable, mais pas très abondante. Le soir, au dîner, Annie dit :

« Il paraît que le navire est plein de criminels de guerre qui fuient l'Europe. »

Janin fit courir son regard sur la salle à manger.

« En temps de guerre ou de paix, il n'y a rien qui ressemble davantage à un honnête homme qu'un criminel... Il y en a même qui ont des airs plutôt sympathiques, ajouta-t-il en pensant à Trekke.

— C'est quoi, un criminel ? demanda Biquette.

— C'est un méchant monsieur, dit Annie, qui fait des choses qu'il ne faut pas.

— Et qu'est-ce qu'on lui fait ?

— On ... on le gronde.

— Alors le commissaire doit être un criminel, parce que tu le grondes tout le temps ! Papa aussi est commissaire. Est-ce qu'on le gronde ?

— Quelquefois », dit Janin, riant de bon cœur.

Au moment où ils débarquaient à La Havane, Janin fouilla dans sa poche pour y prendre son passeport. Ses doigts rencontrèrent le petit cristal de quartz qu'il avait trouvé quelques jours plus tôt dans les décombres de la bijouterie, en compagnie de Fuentes. Encore une fois, une idée fugitive traversa son esprit, mais il dut suivre la file des passagers qui se pressaient le long de la passerelle.

Fuentes les attendait au contrôle de police et les conduisit à l'hôtel *Nacional*. En route, il mit Janin au courant des renseignements qu'il avait reçus en son absence.

« Vous aviez raison, dit-il, vos marins intéressaient les services américains. Ce sont tous d'anciens SS recherchés pour crimes de guerre. Malheureusement, ils ont trouvé refuge en Bolivie.

— Et Trekke ?

— Oh, lui, c'est un peu différent. On n'a pas grand-chose à lui reprocher. Il a été entraîné dans la collaboration[1] par besoin d'argent. Une fois dans l'engrenage, il n'a pas pu s'en sortir. Il a fini par entrer dans la Waffen SS. On n'a pas relevé de lourdes charges contre lui, aussi s'est-on contenté de l'expulser de la marine de guerre. Il paraît que c'était un excellent officier, spécialiste du sonar.

— Qu'est-ce que c'est que le sonar ? demanda Annie.

1. **Collaboration** : durant la guerre, dans tous les pays d'Europe occupés, des gens ont « collaboré », travaillé avec les troupes allemandes, par peur, pour obtenir des avantages matériels,mais aussi parce qu'ils partageaient les idées de l'ennemi.

— Si je me souviens bien, c'est un système qui permet de repérer les sous-marins par ultra-sons.
— Bon Dieu ! s'écria Janin en tirant de sa poche le cristal de quartz.
— Qu'y a-t-il, cher ami ? demanda Fuentes.
— Je ne suis pas sûr, mais pouvez-vous demander par télégramme à Honolulu que, dès l'arrivée du *Van der Storm,* on fasse examiner sa sirène par un expert ? »

C'est au bout d'une semaine merveilleuse sous les cocotiers du Varadero, devant une mer toujours bleue, qu'étendu sur le sable tiède, Janin vit arriver Fuentes.

« J'ai votre réponse d'Honolulu. Vous y comprendrez peut-être quelque chose. »
Janin lut à haute voix : « Sirène du *Van der Storm* munie d'un dispositif à quartz permettant transformer son de la sirène en ultra-sons vingt mille cycles seconde et antenne émettrice portant à cinq cents mètres. »

« Et voilà le comment, dit-il.
— Que voulez-vous dire ?
— C'est simple. Dans les derniers mois de la guerre, beaucoup de nazis, prévoyant la défaite des armées hitlériennes, se sont préparé des positions de repli et en particulier des sources de financement. Le groupe dont faisait partie Trekke a eu l'idée d'installer, à l'occasion de travaux, des bombes commandées par de minuscules récepteurs d'ultra-sons

dans un certain nombre de bijouteries situées dans des ports. Il suffisait alors de monter un émetteur d'ultra-sons sur la sirène d'un navire relâchant[1] dans ces ports pour provoquer l'explosion au moment où le navire se présentait pour accoster. Un comparse arrivé sur les lieux à l'avance en profitait pour ramasser le butin, puis il s'embarquait aussitôt sur le navire sous prétexte de remplacer un matelot qui avait été payé pour mettre sac à terre.

— Mais le *Van der Storm* était un tramp. On ne pouvait pas prévoir son itinéraire.

— Oh ! vous savez, Bordeaux, Lisbonne, Curaçao, La Havane, Veracruz, c'était probable. Mais, je suis d'accord, il doit y avoir bien d'autres bijouteries piégées et probablement d'autres navires munis de sirènes à ultra-sons.

— Mais alors, cela va continuer !

— Il n'y a probablement pas dans le monde tant de bijouteries installées à moins de cinq cents mètres d'un port fréquenté. Je suis persuadé que Trekke pourra en fournir la liste et qu'il parlera dès qu'il verra sa ruse éventée[2]. Il suffira alors d'alerter les polices locales pour inspecter les devantures. A votre place, c'est ce que je suggérerais aux

1. **Relâcher** : faire escale.
2. **Sa ruse éventée** : Janin a découvert tous les moyens utilisés par Trekke pour faire exploser les bijouteries.

Hollandais. Et maintenant, cher ami, permettez-moi de jouir de mes vacances. »

Janin fit signe à un garçon qui apporta aussitôt trois noix de coco décapitées et munies d'une paille. Béatement, la famille Janin se mit à aspirer le jus frais et savoureux tout en laissant courir des yeux rêveurs sur la frange de brisants qui ourlait de blanc le bleu profond de la Mer des Caraïbes.

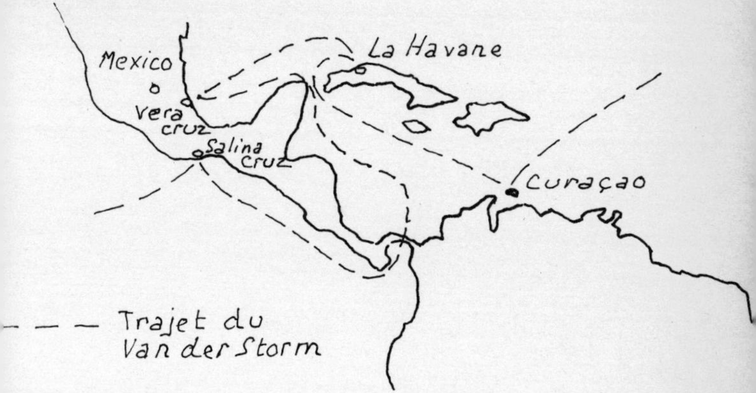
Mexico
La Havane
Vera cruz
Salina cruz
Curaçao
Trajet du Van der Storm

Table

IMPRIMÉ EN FRANCE PAR BRODARD ET TAUPIN
6029-5 - Usine de La Flèche (Sarthe), le 12-05-1987.
Dépôt légal n° 5014.5.1987 - Collection n° 05 - Edition n° 01
15/4689/4